BEI GRIN MACHT SICH IHR WISSEN BEZAHLT

- Wir veröffentlichen Ihre Hausarbeit, Bachelor- und Masterarbeit

- Ihr eigenes eBook und Buch -
  weltweit in allen wichtigen Shops

- Verdienen Sie an jedem Verkauf

Jetzt bei www.GRIN.com hochladen
und kostenlos publizieren

Anspruch auf Entrichtung der vereinbarten Vergütung. Zivilrecht - BGB AT

Martin Christian Reidisch

Bibliografische Information der Deutschen Nationalbibliothek:

Die Deutsche Nationalbibliothek verzeichnet diese Publikation in der Deutschen Nationalbibliografie; detaillierte bibliografische Daten sind im Internet über http://dnb.d-nb.de abrufbar.

ISBN: 9783668682023
Dieses Buch ist auch als E-Book erhältlich.

© GRIN Publishing GmbH
Nymphenburger Straße 86
80636 München

Alle Rechte vorbehalten

Druck und Bindung: Books on Demand GmbH, Norderstedt Germany
Gedruckt auf säurefreiem Papier aus verantwortungsvollen Quellen

Das vorliegende Werk wurde sorgfältig erarbeitet. Dennoch übernehmen Autoren und Verlag für die Richtigkeit von Angaben, Hinweisen, Links und Ratschlägen sowie eventuelle Druckfehler keine Haftung.

Das Buch bei GRIN: https://www.grin.com/document/418581

Ferienhausarbeit BGB - AT

WS 2016/17

Eingereicht zum 12. April 2017

Gliederung

Literaturverzeichnis

Bamberger/Roth   Bürgerliches Gesetzbuch, 3. Aufl.,München, 2012

Brox/Walker   Allgemeiner Teil des BGB, 40. Aufl., München, 2016

Erman, Walter   BGB, 14 Aufl. Münster, 2014

Flume, Werner   Allg. Teil des Bürgerlichen Rechts, Bd. II, Das Rechtsgeschäft, München, 1992

Ingenstau/Korbion   VOB Teile A und B, 20., Aufl., Düsseldorf, 2017

Jauernig, Othmar   Bürgerliches Gesetzbuch, 16. Aufl., München, 2015

Larenz/Wolf   Allgemeiner Teil des Bürgerlichen Rechts, 8 Aufl. München, 1997

Palandt, Otto   Bürgerliches Gesetzbuch, 76. Aufl., München, 2017

Peter, Christof   Grundsätze der Teilanfechtung, Würzburg, 2014

Prütting/Weger/et al.   BGB Kommentar, 10. Aufl. Köln, 2015

Rüthers/Stadler   Allgemeiner Teil des BGB, 18. Aufl., Konstanz, 2014

Säcker/Rixecker/et al.   Münchener Kommentar zum Bürgerlichen Gesetzbuch, 7. Aufl. München, 2015

Staudinger/Roth   Staudinger - BGB: Buch 1 Allgemeiner Teil, München, 2011

Wolf/Lindacher/Pfeiffer/et al.   AGB-Recht, 6. Aufl., München, 2013

Wolf/Neuner   Allgemeiner Teil des Bürgerlichen Rechts, 10. Aufl. Augsburg, 2012

I. Anspruch auf Entrichtung der vereinbarten Vergütung

U könnte gegen G einen Anspruch auf Zahlung in Höhe von € 3.000 aus § 631 I BGB haben.

1. Vertragsschluss

Hierzu müsste ein zwischen den Parteien geschlossener Werkvertrag vorliegen. Ein Werkvertrag ist ein mehrseitiges Rechtsgeschäft, bestehend aus zwei oder mehreren, in Bezug aufeinander abgegebenen und korrespondierenden Willenserklärungen, Angebot und Annahme nach §§ 145, 147 BGB.

a. Antrag des U

U könnte dem G nach § 145 BGB ein Angebot gemacht haben, indem er Werbezettel in seiner Umgebung anbrachte. Damit zwischen den Parteien ein Vertrag geschlossen werden kann, bedarf es eines Antrags. Ein Antrag muss den Inhalt des zu schließenden Vertrags so konkret vorgeben, dass der Empfänger nur noch sein Einverständnis zu erklären braucht, um den Vertrag zustande zu bringen; insbesondere muss der Antrag daher die essentialia negotii enthalten und von einem Rechtsbindungswillen getragen sein.[1]

Im vorliegenden Fall legte U Werbezettel in seiner Nachbarschaft aus. Darin müssten nach § 145 BGB genaue Angaben über die zu erbringende Leistung, sowie Kaufpartner und den Werklohn enthalten sein. U gibt lediglich an, kleinere Aufträge durchzuführen und führt seine Kontaktadresse auf. Es fehlt an der exakten Nennung des Kaufpartners und des Kaufgegenstandes, sodass die Annonce den Vertragsschluss nicht hinreichend bestimmt anträgt. Auch ein Rechtsbindungswille ist nicht erkennbar. Daher ist allenfalls eine invitatio ad offerendum gegeben.

---

[1] Palandt/*Ellenberger*, BGB, § 145 Rn. 1-3.; Prtting/Wegen/Weinreich, BGB, § 145 Rn. 1.

b. Antrag des G

G könnte dem U ein Angebot durch seine an ihn verschickte Mail vom 10. Dezember 2015 gestellt haben, worin er um einen Vorschlag „hinsichtlich des Preises und der Dauer der Fertigstellung etc." bittet. Da hier ebenfalls die essentialia negotii nicht hinreichend definiert sind, liegt auch in der Email des G lediglich eine invitatio ad offerendum vor.

c. Antrag des U

U könnte dem G durch Beantwortung der Mail eine Offerte gemacht haben. Das am 11. Dezember 2015 an G gestellte Schreiben enthält ein Word-Dokument mit einer detaillierten Auflistung aller Vertragsbestandteile. Damit liegt ein Angebot i.S.v. § 145 BGB vor. Dieses ist dem G nach § 130 I 1 BGB auch wirksam zugegangen.

d. modifizierte Annahme des G

Zu prüfen ist, ob G das Angebot des U mit seiner Antwort vom 13. Dezember 2015 nach § 147 BGB angenommen hat. Die Annahme ist eine in Bezug auf ein Angebot abgegebene empfangsbedürftige Willenserklärung, mit der ein Vertragsverhältnis begründet wird.[2] Zwar ist G mit dem Angebot des U „im Großen und Ganzen" einverstanden, er nimmt jedoch einige Änderungen vor. So sollen anstelle von 80% des Werklohns lediglich 70% im Voraus bezahlt werden. Er erweitert den Vertragsentwurf auch um eine Klausel, demnach die regelmäßige Verjährungsfrist von drei Jahren, § 195 BGB, auf ein Jahr gesenkt werden soll. Gemäß § 150 II BGB gilt eine abändernde Annahme als Ablehnung verbunden mit einem neuen Antrag.[3] G hat das Angebot des U nicht angenommen, sondern wiederum einen Antrag an ihn gestellt.

---

[2] Palandt/*Ellenberger*, BGB, § 147 Rn. 1.

[3] Wolf/Neuner, Allgemeiner Teil des Bürgerlichen Rechts, § 37 Rn. 29.

Fraglich ist, ob die Regelung zur Verjährung in den Vertrag wirksam einbezogen worden ist. Die Änderung muss vom Antragenden unzweideutig kenntlich gemacht werden.[4] G weist in seiner Antwort-Mail ausdrücklich darauf hin, Änderungen vorgenommen zu haben. Dabei markiert er zusätzlich alle geänderten Passagen mit Ausnahme der Verjährungsklausel, welche von ihm bewusst in der selben Schriftart und -größe bestehen bleibt. Es ist zu untersuchen, ob der allgemeine Hinweis auf vertragliche Änderungen ausreichend ist oder die Regelung wie die restlichen Passagen fett markiert hätte werden müssen. G hat es dem U bewusst erschwert, die Herabsetzung der Verjährungsfrist zu erkennen. Sein Verhalten erweckt den Eindruck, als wolle er eine Herabsetzung der Verjährungsfrist verbergen. So fiele die Klausel bei oberflächlicher Betrachtung des Vertragsentwurfs nicht auf. Bei Anwendung der Grundsätze von Treu und Glauben (§ 242 BGB) auf den § 150 II BGB würde der Adressat davon ausgehen, dass alle vorgenommenen Änderungen in gleicher Weise kenntlich gemacht werden. Eine in den Vertrag eingebrachte Änderung, welche offensichtlich nicht von U erkannt worden ist, kann nur schwer Bestandteil des Rechtsgeschäfts werden.[5]

Bei einer gewissenhafteren Prüfung hätte U die Regelung jedoch erkannt. In Anbetracht der relativ hohen Summe wäre es dem U zumutbar gewesen, den gesamten Vertragstext zu lesen. Unternehmer wie U werden grundsätzlich als so geschäftserfahren angesehen, dass diesen nur ein reduzierter Schutz beim Vertragsschluss zuteil wird.[6] Dieser Gedanke spiegelt sich im AGB-Recht in § 310 I 1 BGB wider. Aus Sicht des objektiven Empfängerhorizontes liegt ein Hinweis durch die allgemeine Bemerkung von G, Änderungen vorgenommen zu haben, vor. Ein sich weniger chaotisch verhaltender Unternehmer hätte das Dokument des G sorgfältiger gelesen. Dass U die Klausel

---

[4] BGH NJW 14, 2100 Tz. 17.

[5] BGH NJW 14, 2100 Tz. 18.

[6] Rüthers/Stadler: Allgemeiner Teil des BGB, § 21 Rn. 13.

übersehen hat, ist somit auf sein eigenes fahrlässiges Handeln (§ 276 II BGB) zurückzuführen. Damit wurde die Verjährungsklausel wirksam in den Vertrag einbezogen.

e. Annahme des U

U könnte das Angebot des G nach § 147 I 2 BGB telefonisch angenommen haben. Dieser erklärt sich einen Tag später, am 14. Dezember 2015, mit den Änderungen des G einverstanden. Der einem Anwesenden gemachte Antrag kann nach § 147 I 1 BGB nur sofort angenommen werden. Der U erhielt das Angebot in Abwesenheit via Mail. Unter Berücksichtigung der nach Verkehrssitte üblichen Umstände ist eine rechtzeitige Antwort erfolgt.

aa. versteckter Dissens

Problematisch ist allerdings, dass U sich bei Abgabe der Erklärung nicht im Klaren über die Herabsetzung der Verjährungsfrist von G gewesen ist. Es könnte ein versteckter Dissens nach § 155 BGB vorliegen. Dies ist der Fall, wenn die Parteien einen Vertrag als geschlossen ansehen, jedoch ein Einigungsmangel über die accidentalia negotii besteht. Liegt nach Auslegung aus der Perspektive eines objektiven Dritten ein normativer Konsens vor, so scheidet ein Dissens gemäß § 155 BGB aus.[7]

bb. Vertragsauslegung

Zu prüfen ist, ob aus dem objektiven Empfängerhorizont, §§ 133, 157 BGB, eine eindeutige Auslegung möglich ist. Grundlage ist der Vertragsentwurf, welcher von G bearbeitet und von U bestätigt wurde. Anhand der Bestätigung sind keinerlei Aspekte ersichtlich, welche objektiv auf eine vom Vertragsinhalt abweichende Erklärung schließen lassen. Nach üblicher Verkehrsauffassung und der Berücksichtigung von Treu und Glauben erfolgte eine unzweideutige Annahme des U.

---

[7] Palandt/*Ellenberger* § 155 Rn. 2; BGH NJW 93, 1798

4

Somit ist ein versteckter Dissens ausgeschlossen und U hat das Angebot des G wirksam angenommen.

f. Zwischenergebnis

Durch Angebot und Annahme ist ein Vertragsverhältnis zustande gekommen. Durch Abnahme der Garage, § 640 I 1 BGB, wurde die vereinbarte Leistung erfüllt. Folglich ist ein Anspruch von U gegen G auf Zahlung der nach Fertigstellung zu erbringenden € 3.000 aus § 631 BGB entstanden.

2. Anspruch verjährt

Der Anspruch auf Zahlung in Höhe von € 3.000 von U gegen G könnte gemäß § 214 I BGB verjährt sein. Nach § 214 I BGB ist der Schuldner nach Eintritt der Verjährung dazu berechtigt, die Leistung zu verweigern. Nach der Legaldefinition von Ansprüchen in Form eines Tun oder Unterlassens, § 194 I BGB, können auch Zahlungsfristen durch Ablauf einer bestimmten Frist entkräftet werden. Die regelmäßige Verjährungsfrist beträgt 3 Jahre, § 195 BGB. Fristen zählen zum dispositiven Recht und die Vertragsparteien können von § 195 BGB abweichende Vertragsvereinbarungen treffen. Dem Werkvertrag ist eine Klausel von U beigefügt worden, durch welche die Verjährungsfrist von drei auf ein Jahr verkürzt wird: „alle Ansprüche auf Zahlung des Werklohns verjähren mit Ablauf eines Jahres. Die Verjährungsfrist beginnt mit Abnahme des Werkes".

Die Garage wurde am 10. Januar 2015 fertig gestellt, G nahm sie dem U am selben Tag ab (§ 640 I 1 BGB). Somit trat die Verjährungsfrist am 10. Januar 2016 in Kraft und endete exakt ein Jahr später am 10. Januar 2017. U vernachlässigte innerhalb dieses Zeitraums eine Zahlungsforderung gegenüber G zu stellen. Er teilte diesem in einer Mail vom 3. Februar 2017 mit, G solle die übrigen € 3.000 bezahlen. Damit hat er die privatautonom geregelte Vereinbarung der Verjährungsfrist um 24 Tage überschritten. Dies führt zur Entkräftung des Zahlungsanspruchs, § 214 BGB. Möglicherweise ist die Klausel durch einen in den §§ 307 bis 309 BGB genannten Gründen nichtig. Hierzu müsste die Verjährungsregel dem AGB-Recht zuzuordnen sein, dessen Voraussetzungen und Anwendungsbereich in §§ 305ff. BGB genannt sind.

a. Anwendbarkeit der §§ 305ff. BGB

Nach § 305 I 1, 3 BGB sind Allgemeine Geschäftsbedingungen alle für eine Vielzahl von Verträgen vorformulierten Vertragsbedingungen, die eine Vertragspartei der anderen Vertragspartei eines Vertrags stellt und nicht zwischen den Vertragsparteien im Einzelnen ausgehandelt sind.

aa. Vorliegen von AGBs

Daraus resultieren fünf Voraussetzungen, die bei AGB-Bestimmungen erfüllt sind: es muss sich um eine Vertragsbedingung handeln (1), die vorformuliert (2) und für eine Vielzahl (3) von Verträgen aufgestellt ist, einseitig gestellt (4) und nicht von den Vertragspartnern im Vorfeld ausgehandelt wurde (5).

(1) Vertragsbedingung

Die von G eingefügte Bestimmung müsste eine Vertragsbedingung nach § 305 I BGB darstellen. Vertragsbedingungen sind sämtliche Regelungen, die den Inhalt eines Vertrags regeln sollen.[8] Durch die Klausel des G wird die Verjährungsfrist des Werkvertrags mit U genau bestimmt. Somit handelt es sich um eine den Vertragsinhalt regelnde Vertragsbedingung i.S.v. § 305 I 1 BGB.

(2) Vorformulieren

G müsste die Vertragsbestimmung vorformuliert haben. Es genügt, wenn die Klausel aufgezeichnet oder in sonstiger Weise fixiert ist.[9] Im

---

[8] NJW 1987, 2867; Wolf/Lindacher/Pfeiffer § 1 Rn. 6.

[9] BGH NJW 1998, 2600 zitiert aus Bamberger/Roth, BGB, § 305 Rn. 8.

Sachverhalt wurde die Regelung durch die Schriftform in einem Word-Dokument, welches alle Vertragsbestimmungen enthält, mit aufgenommen. Damit ist die Vertragsbedingung vorformuliert.

(3) Vielzahl von Verträgen

Fraglich ist, ob die Klausel des U aufgrund der einmaligen Verwendung unter § 305 I 1 BGB subsumiert werden kann. Die darin genannte Vielzahl liegt nach ständiger Rechtssprechung vor, wenn die Klausel dreimal verwendet wurde.[10] Von vorrangiger Bedeutung ist allerdings nicht die tatsächliche Verwendung[11], sondern die Absicht des Verwenders.[12] Die Absicht einer wiederholten Verwendung könnte hier lediglich anhand der erkennbaren Ausrichtung seiner Geschäftspraxis geprüft werden.[13] So kann eine Klausel bereits bei erstmaliger Verwendung AGB sein, umgekehrt führt die wiederholte Verwendung nicht dazu, dass unmittelbar Allgemeine Geschäftsbedingungen vorliegen. Es ist davon auszugehen, dass G keine drei Verträge über den Bau einer Garage mit entsprechender Verjährungs-Klausel abschließen möchte. Die für eine bestimmtes Rechtsgeschäft ausgehandelten Bedingungen fallen nicht unter den § 305 I BGB.[14] Es finden die Vorschriften des § 310 III BGB Anwendung.[15]

bb. Vorrang der Individualabrede

Die Verjährungs-Klausel von G dürfte nach § 305b BGB mit dem U nicht individuell ausgehandelt worden sein. Zwar entfällt bei Anwendung des § 310 III Nr. 2 BGB eine weitere Prüfung der in § 305 I BGB genannten Voraussetzung, worin auch § 305b BGB

---

[10] BGH NJW 2002, 138f.; BGH NJW 1997, 135.

[11] Wolf/Lindacher/Pfeiffer§ 1 Rn. 13.

[12] BGH ZIP 2001, 1921; OLG Hamburg NJW-RR 2002, 1428; Palandt/*Heinrichs* Rn. 9.

[13] BGH NJW 1997, 135.

[14] BGH NJW-RR 02, 13

[15] Palandt/*Grüneberg*, BGB, § 305 Rn. 9.

vorweggenommen ist (§ 305 I 3 BGB). Durch die systematische Stellung der Individualabrede in einer eigens dafür konzipierten Norm kann die Prüfung dessen, trotz der Erwähnung in § 305 I 3 BGB jedoch nicht entfallen. Obgleich eine weitere Prüfung von § 305 I BGB obsolet ist, muss weiterhin ermittelt werden, ob eine Individualabrede vorliegen könnte.

Eine Vertragsbedingung ist ausgehandelt i.s.v. § 305b BGB, wenn ihr Inhalt nicht nur vom Verwender, sondern ebenso von der Verwendergegenseite in deren rechtsgeschäftlichen Gestaltungswillen aufgenommen worden ist, und somit Ausdruck der rechtsgeschäftlichen Selbstbestimmung und Selbstverantwortung beider Vertragsparteien ist.[16] Gemäß der Definition ist die bloße Wahl zwischen dem Annehmen der dispositiven Klausel oder vom Vertragsschluss ganz abzusehen, nicht ausreichend. So muss der Verwender darüber hinausgehend zu Verhandlungen bereit sein und die Bestimmung zur Disposition stellen.[17]

G und U gaben dem Geschäftspartner jeweils die Möglichkeit, die eigenen Interessen durch die Abänderung von Vertragsbestimmungen zu wahren. Zwar spricht G von einer „Überarbeitung des Vertrags" und bittet lediglich um eine telefonische Bestätigung. Doch der Vertragsschluss hing nicht davon ab, dass U den von G formulierten Text unverändert übernimmt. So wie er dem G Gelegenheit einräumte die Höhe der Vorauszahlung von 80% auf 70% zu senken, so war auch er grundsätzlich in der Lage an der Verjährungsfrist mitzuwirken. Somit ist der Herabsetzung der von F eingebrachten Klausel ein Individualcharakter nach § 305b BGB zu entnehmen.

---

[16] BGH NJW 1991, 1678f. zitiert aus Bamberger/Roth BGB Bd. 1 § 305, Rn. 34.

[17] Palandt/*Grüner*, BGB, § 305b Rn. 3.

b. Zwischenergebnis

Durch Bejahung des § 305b BGB entfällt die Inhaltskontrolle anhand der §§ 305c II, 306 und 307 bis 309 BGB. Damit ist der Zahlungsanspruch des U in Höhe von € 3.000 verjährt.

3. Anspruch vernichtet gemäß § 142 I BGB

Die Willenserklärung des U könnte gemäß § 142 I BGB von Anfang an als nichtig anzusehen sein. Grundsätzlich hat der Erklärende seine Erklärung so gelten zu lassen, wie sie unter Berücksichtigung von Treu und Glauben zu verstehen war. U willigt dem auf Vertragsschluss des G gerichteten Angebot ein. Eine Anfechtung ist nur bei rechtzeitigem Erklären eines Anfechtungsgrundes möglich, sofern dieser für die Abgabe der Willenserklärung ursächlich gewesen ist.

a. Anfechtungserklärung

U müsste seine Willenserklärung zum Bau einer Garage unter den vereinbarten Konditionen gegenüber G nach § 143 I BGB wirksam angefochten haben. Dies setzt eine formfreie empfangsbedürftige Willenserklärung gegenüber dem Anfechtungsgegner voraus. Anfechtungsgegner ist in diesem Fall G, der aus dem Vertrag mit dem U unmittelbar ein Recht erworben hat (§ 143 II BGB). U teilt G mit, dass seine eingebrachte Verjährungs-Klausel unwirksam sei. In dieser Äußerung wird deutlich, dass die Regelung von Anfang an nichtig sein soll. Somit liegt eine Anfechtungserklärung nach § 143 BGB vor. Die Erklärung bezieht sich jedoch nicht auf die Willenserklärung zur Abwicklung des gesamten Rechtsgeschäfts, sondern lediglich auf die Herabsetzung der Verjährungsfrist. Grundsätzlich sind Teilanfechtungen unter der Voraussetzung möglich, wenn ein einheitliches und teilbares Rechtsgeschäft vorliegt und das Rechtsgeschäft nach objektiver Bewertung auch ohne den nichtigen Teil vorgenommen worden wäre.[18]

---

[18] *Peter, Christof,* Grundsätze der Teilanfechtung, Juristische Ausbildung, 2014(1):2

aa. Vorliegen eines einheitlichen Rechtsgeschäfts

G und U müssten mit dem Werkvertrag ein einheitliches Rechtsgeschäft abgeschlossen haben. Eine Verklammerung zu einem einheitlichen Rechtsgeschäft liegt vor, wenn ein wirtschaftlicher und zeitlicher Zusammenhang zwischen den im Vertrag einzeln geregelten Bestandteilen vorliegt.[19] Die Vertragsparteien haben sich über ein wesentliches Ziel, den Bau der Garage, geeinigt und nach einer Verhandlungsphase wurde allen Vertragsaspekten gleichzeitig zugestimmt. Dieses Indizien lassen auf ein einheitliches Rechtsgeschäft zwischen G und U schließen.

bb. Vorliegen eines teilbaren Rechtsgeschäfts

Weiterhin müsste der zwischen G und U geschlossene Vertrag teilbar sein.[20] Demnach müsste das Rechtsgeschäft in mehrere Teile zerlegt werden können, sodass der nach Herauslösung des nichtigen Teils verbleibende Teil für sich allein gesehen noch ein selbstständig existenzfähiges Rechtsgeschäft ist, das dem von den Beteiligten gewollten Gesamtcharakter entspricht.[21] Im vorliegenden Fall würde die Nichtigkeit der Verjährungsfrist das Vertragsziel unberührt lassen.

cc. Anwendung des § 139 BGB

Die Nichtigkeit der Klausel des G könnte nach § 139 BGB zur Gesamtnichtigkeit des Werkvertrags mit U führen. Durch den mutmaßlichen Parteiwillen ist zu ermitteln, ob das Rechtsgeschäft auch ohne den nichtigen Teil vernünftigerweise vorgenommen worden wäre.[22] Für den Fall, dass der nichtige Teil allein den Interessen einer Partei dient, sich die Gesamtnichtigkeit aber zugunsten der anderen Vertragspartei auswirkt, ist von der Rechtsfolge des § 139 BGB durch

---

[19] BeckOK/*Wendland* BGB, § 139 Rn. 8.

[20] Staudinger/Roth (Fn. 1), § 142 Rn. 26; Bork (Fn. 1), Rn. 1212.

[21] BeckOK/*Wendland* (Fn. 3), § 139 Rn. 13.

[22] Palandt/Ellenberg (Fn. 6), § 139 Rn. 14; Jauernig (Fn. 1), § 139 Rn. 12.

den hypothetischen Parteiwillen abzusehen, da der von der Gesamtnichtigkeit Begünstigte keinen Nachteil erleidet, wenn das Geschäft mit Nichtigkeit der einzelnen Klausel Teil wirksam bleibt.[23] Durch den Wegfall der Verjährungsfrist würde lediglich U profitieren. Wenn dies wiederum zur Gesamtnichtigkeit des Vertrags führt, wäre der Anspruch gegen G auf Zahlung des Entgelts erloschen. Dies wiederum wäre höchst vorteilhaft für G. Von einer Gesamtnichtigkeit ist daher abzusehen, sodass bei Nichtigkeit der Verjährungsklausel die restlichen Konditionen nach § 139 BGB unberührt blieben. Damit ist eine Teilanfechtung von U möglich.

b. Anfechtungsgrund

Es müsste ein gesetzlich normierter Anfechtungsgrund vorliegen. Zur Aufrechterhaltung der Rechtssicherheit und des Vertragspartners, der auf den Bestand einer Willenserklärung vertraut, ist eine Anfechtung nur unter Abwägung mit den Interessen und der Schutzbedürftigkeit des Erklärenden möglich.[24]

aa. Anfechtung wegen Inhaltsirrtum

U könnte sich wegen eines Inhaltsirrtums, § 119 I Alt. 1 BGB, geirrt haben. Ein Irrtum liegt beim Auseinanderfallen von Wille und Erklärung vor. Der § 119 I Alt. 1 BGB ist durch einen Irrtum über die Bedeutung und Tragweite der abgegebenen Erklärung charakterisiert. Der Erklärende irrt nicht über die Erklärungshandlung selbst, sondern misst dieser subjektiv eine andere Bedeutung bei, als ihr objektiv zukommt.[25] Anhand des objektiven Empfängerhorizonts (§§ 133, 157 BGB) wird der objektive Erklärungswert des U ermittelt. Aus Sicht eines objektiven Dritten war die Erklärung des U für G als Annahme aller vertraglich genannten Konditionen zu verstehen. U war sich bei Abgabe dieser Erklärung nicht bewusst, dass die Verjährungsfrist

---

[23] Brox/Walker § 139 Rn. 360.

[24] Rüthers/Stadler: Allgemeiner Teil des BGB, § 25, Rn. 19.

[25] Palandt/*Heinrichs* § 119 Rn. 11; MünchKommBGB/*Kramer* § 119 Rn. 55

dadurch auf ein Jahr gekürzt wird. Insofern kommt ein Inhaltsirrtum in Betracht.

bb. Anfechtung wegen arglistiger Täuschung

U könnte von G arglistig getäuscht worden sein und seine Willenserklärung nach § 123 I BGB anfechten. Voraussetzung wäre eine vorsätzliche Irrtumserregung des G gegenüber U, weiterhin müsste die Täuschungshandlung kausal für die Abgabe der Erklärung des U sein. Eine Täuschung ist das Erregen, Verstärken oder Aufrechterhalten eines Irrtums.[26] In Betracht käme eine Täuschung durch konkludentes Verschweigen.[27] Bedenklich ist, ob eine dazu notwendige Offenbarungspflicht des G vorliegt und demnach das bewusste Unterlassen die Änderung fett zu drucken, den Tatbestand einer Täuschungshandlung hinreichend erfüllt.[28] U wird als Unternehmer nur ein reduzierter Schutz beim Vertragsschluss zuteil. Bei Berücksichtigung der Grundsätze von Treu und Glauben und nach allgemeiner Verkehrsauffassung liegt eine Täuschung durch konkludentes Verhalten in concreto nicht vor. Ein objektiver Dritter ginge davon aus, dass U die Klausel bemerkt und freilich nicht als Täuschung wahrgenommen hätte.[29] Schwerlich ließe sich eine Offenbarungspflicht aufgrund einer erkennbaren Informationsasymterie[30] unter den Sachverhalt subsumieren. Somit ist der Tatbestand einer Täuschungshandlung nach § 123 I BGB nicht erfüllt.

c. Kausalzusammenhang

Der Inhaltsirrtum des U müsste kausal für die Abgabe seiner Willenserklärung gegenüber dem G gewesen sein. Er dürfte gegenüber G die Annahme bei verständiger Würdigung der Sachlage gar nicht

---

[26] siehe *Larenz* BGB AT § 20 IV

[27] *Staudinger/Singer/v. Finckenstein* § 123 Rn. 10

[28] *Erman* BGB 1. Bd. § 123 Rn. 13

[29] siehe Punkt I.1.e.aa.

[30] MünchKommBGB/*Armbrüster* § 123 Rn. 33

oder nicht in dieser Weise abgegeben haben. Zur Anfechtung berechtigt sind daher nur Gründe, die für eine Entscheidung maßgeblich sind. Nicht maßgeblich sind Irrtümer, welche auf den wirtschaftlichen Erfolg eines Geschäfts keinen Einfluss nehmen.[31] Durch Eintritt der Verjährung ist der Zahlungsanspruch des U gegen G erloschen und nimmt damit einen erheblichen Einfluss auf den wirtschaftlichen Erfolg. Ein kausaler Zusammenhang zwischen Irrtum und Erklärung ist gegeben.

d. Frist

U müsste dem G gemäß § 120 I 1 BGB unverzüglich mitteilen, dass er sich geirrt hat. Er erhob ohne schuldhaftes Zögern Einwände gegen die Klausel, nachdem er sie entdeckte. Somit hat er fristgerecht angefochten. Damit ist die Willenserklärung bezüglich der Verjährungsfrist infolge wirksamer Teilanfechtung nach § 142 I BGB von Anfang an als nichtig anzusehen.

II. Ergebnis

U hat gegen G einen Anspruch auf Zahlung in Höhe von € 3.000 aus § 631 I BGB.

Abwandlung

I. Anspruch auf Zahlung des Werklohns

U könnte gegen H einen Anspruch auf Zahlung des Werklohns in Höhe von € 340 aus § 631 I BGB haben.

1. Vertragsschluss

Dazu müssten sie durch zwei übereinstimmende, aufeinander bezogenen Willenserklärungen (Angebot und Annahme) einen Werkvertrag geschlossen haben, § 631 BGB.

---

[31] BGH NJW 1988, 2597, 2599.

a. Antrag des H

H könnte dem U eine Offerte nach § 145 BGB gemacht haben, indem er ihn beauftragte eine Hundehütte mit einer Grundfläche von vier Quadratmetern zu errichten. Hier fehlt es an einer preislichen Bestimmung, sodass die essentialia negotii nicht hinreichend definiert sind. Somit handelt es sich nicht um ein Angebot, sondern eine invitatio ad offerendum.

b. Antrag des U

In der Erklärung des U, welche einen Preisvorschlag sowie eine detaillierte Beschreibung aller auszuführenden Leistungen enthält, sind dagegen alle wesentlichen Vertragsbestandteile enthalten. Es handelt sich um einen Antrag, der H durch inhaltlich richtige Vernehmung wirksam zugegangen ist.

c. Annahme des H

Dieses Angebot müsste H angenommen haben. Gemäß § 147 BGB ist die Annahmeerklärung eine in Bezug auf ein Angebot abgegebene Willenserklärung, gerichtet auf die Hervorbringung eines Rechtsgeschäfts. Er schreibt dem U, dass er den „Vertrag über den Bau der Hundehütte zum Preis von € 300 abschließt". Fraglich ist, ob diese Willenserklärung hinsichtlich der von U gestellten Preisangabe mit dem Antrag kongruiert. Einem wirksamen Vertragsschluss könnte entgegenstehen, dass U die Garage zum Preis von € 340 bauen wollte. Dies könnte zu einem Dissens geführt haben, der einen Vertragsschluss grundsätzlich hindert, wie die §§ 154, 155 BGB belegen.

aa. einseitig versteckter Dissens

Es könnte ein sogenannter einseitig versteckter Dissens i.S.v. § 155 BGB vorliegen. Dies ist der Fall, wenn zumindest eine Partei den Vertrag irrtümlich für geschlossen hält, obwohl die Parteien sich in

Wahrheit nicht vollständig einig sind.[32] Während H den Fehler bemerkte, war sich U bei Abgabe seiner Willenserklärung nicht im Klaren, dass er anstelle von € 340 einen Gesamtpreis von € 300 angab. Insofern käme ein ein einseitig versteckter Dissens in Betracht. § 155 BGB ist allerdings nur heranzuziehen, wenn die Vertragsparteien in ihrem objektiven Gehalt widersprüchliche oder mehrdeutige Erklärungen abgegeben haben.[33] Der objektive Vertragssinn ist anhand der §§ 133, 157 auszulegen.

bb. Vertragsauslegung

Zu prüfen ist daher anhand des objektiven Empfängerhorizonts, ob ein Dritter das Angebot des U für den Bau der Hundehütte zum Preis von € 300 oder € 340 verstanden hätte. Dazu muss abgewogen werden, ob der Gesamtpreisangabe oder den Einzelberechnungen mehr Bedeutung beizumessen ist. U legt in einer Liste die von ihm zu erbringenden Leistungen offen. Das konkrete Preisangebot zum Bau der Hundehütte ist jedoch eigens als Gesamtpreis angegeben. Dies deutet darauf hin, dass die Bauabschreibung mehr zum besseren Verständnis dienen soll, als den Werkslohn abzubilden. So wurde die Berechnungsgrundlage lediglich aus Transparenzgründen offen gelegt, ohne dass es dem Käufer in irgendeiner Weise darauf ankam, da dieser den Vertragsabschluss für gewöhnlich allein vom Endpreis abhängig macht. Demnach hätte ein unbeteiligter Dritter der Willenserklärung des U ein Preisangebot von € 300 entnommen.

2. Zwischenergebnis

Somit ist zwischen H und U ein Werkvertrag nach § 631 BGB zum Bau der Hundehütte für eine endgeldliche Vergütung in Höhe von € 300 entstanden.

---

[32] Palandt/*Ellenberger* § 155 Rn. 1; MünchKommBGB/*Busche* § 155 Rn. 2.

[33] MünchKommBGB/*Busche* § 155 Rn. 4.

II. Anspruch erloschen

Eventuell könnte U jedoch die zur Entstehung des Werkvertrags führende Willenserklärung anfechten. Dazu müssten die für eine wirksame Anfechtung notwendigen Voraussetzungen vorliegen.

1. Anfechtungserklärung

Nach § 143 I BGB ist eine Anfechtungserklärung erforderlich. U teilt dem H mit, dass ein Vertrag zum Preis von € 340 zustande gekommen sei. Ist dies nicht der Fall, mache er „eben alles rückgängig". Durch die Aussage wird ersichtlich, dass U den Werkvertrag anfechten möchte. Eine Anfechtungserklärung ist gegeben.

2. Anfechtungsberechtigung

Die Erklärung müsste gegenüber dem Anfechtungsgegner erfolgen. Gem. § 143 II BGB ist dies der andere Teil des Vertrags.. U schloss den Werkvertrag mit H, sodass H Anfechtungsgegner ist. U ist somit gegenüber H zur Anfechtung berechtigt.

3. Anfechtungsgrund

Zu prüfen ist, ob ein Anfechtungsgrund nach §§ 119ff. BGB vorliegt. Es könnte ein Kalkulationsirrtum vorliegen. Ein Kalkulationsirrtum liegt vor, wenn der Anfechtende sich bei der Berechnung oder einem Berechnungsfaktor geirrt hat.[34] Für die rechtliche Bewertung dieses Irrtums muss zwischen einem verdeckten und offenen Kalkulationsirrtum unterschieden werden.[35] Bei einem verdeckten Kalkulationsirrtum wird die Berechnungsgrundlage dem Anfechtungsgegner nicht mitgeteilt.[36] Diese Form wird als unbeachtlicher Motivirrtum behandelt.[37] Dem Anfechtungsgegner sind bei Vorliegen eines offenen Kalkulationsirrtums hingegen die Berechnungsgrundlagen bekannt. Als

---

[34] BGB/*Wendtland* § 119 Rn. 33

[35] Rüthers/Stadler § 25 Rn. 40.

[36] Larenz/Wolf, BGB AT, § 36 Rn. 78ff.

[37] Prütting/Weger/Weinreich, BGB, § 119 Rn. 32.

Berechnungsgrundlage käme das Angebot des U infrage. Auf dem beigefügten Dokument sind die Leistungen und dessen einzelne Preise aufgelistet. Diese werden addiert und als Gesamtpreis auch angegeben. Somit liegt ein offener Kalkulationsirrtum vor.

Die Behandlung des offenen Kalkulationsirrtums ist strittig. So sah das Reichsgericht darin einen Anfechtungsgrund analog zu § 119 I Var. 2 BGB, da die falsche Berechnung Inhalt des Erklärungsaktes ist[38], während die andere Seite den Kalkulationsirrtum als umbeachtlichen Motivirrtum behandelt.[39] Grundsätzlich trägt der Irrende das Risiko seiner Berechnungen selbst.[40]

Fraglich ist, inwiefern die Tatsache, dass H über den Irrtum Bescheid wusste, Einfluss auf den Fall nimmt. So könnte H weniger schutzwürdig sein, weil er den Kalkulationsirrtum kannte und nicht darauf vertrauen konnte. Zudem besteht i.S.v. § 241 I BGB eine Pflicht zu redlichem Verhalten zwischen den Beteiligten eines Schuldverhältnisses. Nach ständiger Rechtsprechung berechtigt ein Irrtum allerdings auch dann nicht zur Anfechtung, wenn der Anfechtungsgegner diesen kannte oder treuwidrig vereitelte.[41] Demnach steht dies im Interesse zum Schutz des Rechtsverkehrs, da durch eine Häufung anfechtungstauglicher subjektiver Umstände die Rechtsunsicherheit zusätzlich verstärkt wird.[42] Diese Begründung ist im vorliegenden Fall unbeachtlich. Der Schutz des Verkehrsinteresses basiert auf dem Gedanken, dass das Vertrauen des Geschäftspartners nicht enttäuscht werden dürfe.[43] H ist sich über den Fehler im Klaren,

---

[38] nach RGZ 64, 266, 268 sog. „erweiterter Inhaltsirrtum".

[39] *Flume*, Allgemeiner Teil des Bürgerlichen Rechts, Bd. II, Das Rechtsgeschäft, S. 493; *Ingenstau/Korbion*, VOB, § 19 Nr. 3 Rn. 27.

[40] NJW-RR 1986, 569, 570

[41] BGH, 07.07.1998 - X ZR 17/97 Amtlicher Leitsatz a).

[42] BGH, 07.07.1998 - X ZR 17/97 Rn. 18

[43] BGH, 07.07.1998 - X ZR 17/97 Rn. 16

sodass ein Vertrauen auf die Korrektheit der von U geäußerten Angaben gar nicht bestehen kann. Dass er dennoch das Angebot in Anspruch nehmen möchte, könnte gegen die Grundsätze von Treu und Glauben in Form von unzulässiger Rechtsausübung verstoßen. Dies ist jedenfalls dann anzunehmen, wenn das Rechtsgeschäft einen fertigen wirtschaftlichen Nachteil bringen würde, sodass es U schlechterdings nicht angerechnet werden könnte.[44]

Im vorliegenden Fall geht es um einen Streitwert von € 40. Ob die Hundehütte für € 340 oder € 300 fertiggestellt wird, macht finanziell gesehen bloß einen geringfügigeren Unterschied für U. Auch € 300 könnten als adäquate Gegenleistung für den Bau gewertet werden. Nach Abwägung der Umstände ist im vorliegenden Fall von einem tauglichen Anfechtungsgrund abzusehen. Der Kalkulationsirrtum fungiert im vorliegenden Sachverhalt als Motivirrtum und wird nicht von § 119 BGB erfasst.

4. Zwischenergebnis

Damit ist kein tauglicher Anfechtungsgrund nach §§ 119ff. BGB gegeben. Eine Anfechtung von U gegen H kommt nicht in Betracht.

III. Ergebnis

Der Werkvertrag zum Bau der Garage für den Kaufpreis in Höhe von € 300 bleibt bestehen. Somit hat U gegen H keinen Anspruch auf Zahlung von € 340 aus § 631 BGB.

---

[44] BGH NJW 1998, 3192, 3193; Palandt/*Ellenberger* § 119 Rn. 19, zitiert aus BeckOK BGB/*Wendtland* BGB § 119 Rn. 33-34.